上海市工程建设规范

固化水泥稳定类材料道路应用技术标准

Technical standard for application of solidifying cement stabilized materials in road

DG/TJ 08—2395—2022
J 16644—2022

主编单位：上海兰德公路工程咨询设计有限公司
　　　　　上海市交通工程学会
批准部门：上海市住房和城乡建设管理委员会
施行日期：2023 年 3 月 1 日

同济大学出版社

2023　上海

图书在版编目(CIP)数据

固化水泥稳定类材料道路应用技术标准/上海兰德公路工程咨询设计有限公司,上海市交通工程学会主编.—上海:同济大学出版社,2023.4
 ISBN 978-7-5765-0808-6

Ⅰ.①固… Ⅱ.①上…②上… Ⅲ.①水泥稳定砂砾-路面基层-工程施工-技术标准-上海 Ⅳ.①U416.204-65

中国国家版本馆 CIP 数据核字(2023)第 048270 号

固化水泥稳定类材料道路应用技术标准

上海兰德公路工程咨询设计有限公司
上海市交通工程学会　　　　　　　主编

责任编辑	朱　勇	
责任校对	徐春莲	
封面设计	陈益平	
出版发行	同济大学出版社　　www.tongjipress.com.cn	
	(地址:上海市四平路 1239 号　邮编:200092　电话:021-65985622)	
经　　销	全国各地新华书店	
印　　刷	浦江求真印务有限公司	
开　　本	889mm×1194mm　1/32	
印　　张	1.5	
字　　数	40 000	
版　　次	2023 年 4 月第 1 版	
印　　次	2023 年 4 月第 1 次印刷	
书　　号	ISBN 978-7-5765-0808-6	
定　　价	20.00 元	

本书若有印装质量问题,请向本社发行部调换　　版权所有　侵权必究

上海市住房和城乡建设管理委员会文件

沪建标定〔2022〕567号

上海市住房和城乡建设管理委员会 关于批准《固化水泥稳定类材料道路应用 技术标准》为上海市工程建设规范的通知

各有关单位：

由上海兰德公路工程咨询设计有限公司、上海市交通工程学会主编的《固化水泥稳定类材料道路应用技术标准》，经我委审核，现批准为上海市工程建设规范，统一编号为DG/TJ 08—2395—2022，自2023年3月1日起实施。

本标准由上海市住房和城乡建设管理委员会负责管理，上海兰德公路工程咨询设计有限公司负责解释。

上海市住房和城乡建设管理委员会
2022年10月25日

前　言

根据上海市住房和城乡建设管理委员会《关于印发〈2018年上海市工程建设规范、建筑标准设计编制计划〉的通知》（沪建标定〔2017〕898号）的要求，由上海兰德公路工程咨询设计有限公司、上海市交通工程学会和上海公路桥梁（集团）有限公司、上海权联实业有限公司组成编制组，共同完成本标准的编制工作。

编制组在大量调查研究的基础上，总结了近年来上海市道路固化水泥稳定类材料的应用，参考了国家和行业颁布的相关技术标准，经广泛征求意见，制定了本标准。

本标准的主要内容有：总则、术语、混合料组成设计、路面结构设计、施工、质量控制与验收。

各单位及相关人员在执行本标准过程中，如有意见或建议，请反馈至上海市交通委员会（地址：上海市世博村路300号1号楼；邮编：200125；E-mail：shjtbiaozhun@126.com），上海兰德公路工程咨询设计有限公司（地址：上海市沪太路785号B座6F；邮编：200072；E-mail：xin_xie@arcplus.com.cn），上海市建筑建材业市场管理总站（地址：上海市小木桥路683号；邮编：200032；E-mail：shgcbz@163.com），以供修订时参考。

主 编 单 位：上海兰德公路工程咨询设计有限公司
　　　　　　　　上海市交通工程学会
参 编 单 位：上海公路桥梁（集团）有限公司
　　　　　　　　上海权联实业有限公司

主要起草人：陈建华　金　德　马广德　谢　鑫　张丽洁
　　　　　　辛达帆　薛　菲　乐海淳　郑鹤鸣　赵　飞
　　　　　　陈　运　何烨雯　周　玥　赵小滨　钟　伟
　　　　　　蒋海里　陆青清
主要审查人：朱惠君　曹亚东　徐一峰　严　军　叶　奋
　　　　　　蔡　氧　汪维恒

上海市建筑建材业市场管理总站

目 次

1 总 则 …………………………………………………… 1
2 术 语 …………………………………………………… 2
3 混合料组成设计 ………………………………………… 4
　3.1 一般规定 …………………………………………… 4
　3.2 原材料 ……………………………………………… 4
　3.3 混合料配合比设计 ………………………………… 6
4 路面结构设计 …………………………………………… 9
　4.1 一般规定 …………………………………………… 9
　4.2 结构组合设计 ……………………………………… 9
　4.3 路 基 ……………………………………………… 10
5 施 工 …………………………………………………… 11
　5.1 一般规定 …………………………………………… 11
　5.2 施工准备 …………………………………………… 12
　5.3 固化水泥稳定土施工 ……………………………… 13
　5.4 固化水泥稳定混合料施工 ………………………… 14
　5.5 接缝处理 …………………………………………… 15
　5.6 养生和交通管制 …………………………………… 16
6 质量控制与验收 ………………………………………… 17
　6.1 一般规定 …………………………………………… 17
　6.2 材料检验 …………………………………………… 17
　6.3 施工过程检测 ……………………………………… 20
　6.4 质量检查与验收 …………………………………… 23

本标准用词说明 ………………………………………… 24
引用标准名录 …………………………………………… 25
条文说明 ………………………………………………… 27

Contents

1 General provisions ································· 1
2 Terms ··· 2
3 Mixture composition design ······················· 4
   3.1 General requirements ······················· 4
   3.2 Raw materials ······························ 4
   3.3 Mix proportion design ······················· 6
4 Pavement structure design ······················· 9
   4.1 General requirements ······················· 9
   4.2 Structure composition design ················ 9
   4.3 Subgrades ································· 10
5 Construction ···································· 11
   5.1 General requirements ······················ 11
   5.2 Preparations of construction ··············· 12
   5.3 Construction of solidifying cement stabilized soil ································ 13
   5.4 Construction of solidifying cement stabilized mixtures ······························· 14
   5.5 Joints treatment ··························· 15
   5.6 Curing and traffic control ·················· 16
6 Quality control and acceptance ·················· 17
   6.1 General requirements ······················ 17
   6.2 Material examinations ····················· 17

6.3　Examinations during construction procedure ········ 20
6.4　Quality examination and acceptance ················· 23
Explanation of wording in this standard ······················· 24
List of quoted standards ··· 25
Explanation of provisions ·· 27

1 总 则

1.0.1 为规范本市公路工程固化水泥稳定类材料的设计、施工及质量验收,确保工程质量,制定本标准。

1.0.2 本标准适用于本市一级及一级以下公路的土路基,二级及二级以下公路基层、底基层的设计与施工。城市道路在技术条件相同的情况下可参照执行。

1.0.3 固化水泥稳定类材料的应用除应符合本标准外,尚应符合国家、行业和本市现行有关标准的规定。

2 术　语

2.0.1 水泥基渗透结晶型外掺剂　cementitious capillary crystalline admixture

以硅酸盐水泥和活性化学物质为主要成分制成的粉状材料。其中的活性化学物质具有较强的渗透性,能与水泥的水化产物发生反应生成针状晶体并填充到被稳定材料的毛细孔隙中。

2.0.2 固化水泥稳定混合料　solidifying cement stabilized mixtures（SCSM）

在有级配的碎石或砾石或路面旧料中,掺入适量的水泥、水泥基渗透结晶型外掺剂和水,经拌和得到的混合料,在压实和养生后,当其抗压强度符合规定的要求时,称为固化水泥稳定混合料。

2.0.3 固化水泥稳定土　solidifying cement stabilized soil（SCSS）

在经过粉碎的或原来松散的土中,掺入适量的水泥、水泥基渗透结晶型外掺剂和水,经拌和得到的混合料,在压实和养生后,当其抗压强度符合规定的要求时,称为固化水泥稳定土。

2.0.4 固化水泥稳定类材料　solidifying cement stabilized materials（SCM）

固化水泥稳定类混合料、固化水泥稳定土总称为固化水泥稳定类材料。

2.0.5 路面旧料　reclaimed pavement（RP）

采用铣刨、开挖、破碎等方式从路面上获得的旧路面材料,包括旧沥青混合料、旧水泥混凝土混合料、旧无机结合料稳定粒料和旧无机结合料粒料。

2.0.6 容许延迟时间　permitted delay time

在满足强度标准的前提下,固化水泥稳定混合料拌和后至碾压成型前所容许的最大时间间隔。

2.0.7 3d无侧限抗压强度　three days unconfined compressive strength

3d龄期试件在无侧限条件下,抵抗轴向压力的极限强度。

3 混合料组成设计

3.1 一般规定

3.1.1 固化水泥稳定混合料的生产可分为工厂集中拌制和就地再生。

3.1.2 在施工过程中,材料品质、规格发生变化和结合料品种发生变化时,应重新进行混合料组成设计。

3.2 原材料

3.2.1 原材料应按规定进行材料试验及检验评定。

3.2.2 用于固化水泥稳定混合料的粗集料、细集料质量应符合现行行业标准《公路路面基层施工技术细则》JTG/T F20 的有关规定。

3.2.3 用于固化水泥稳定混合料的路面旧料质量应满足表 3.2.3 的技术要求。

表 3.2.3 RP 技术要求

检测项目	技术要求	试验方法
含水率(%)	≤3	T 0103
最大粒径(mm)	≤37.5	T 0115
不均匀系数 C_u	≥5	T 0115
塑性指数 I_P	≤17	T 0118

3.2.4 水泥基渗透结晶型外掺剂的技术要求应符合表 3.2.4 的规定。

表 3.2.4 水泥基渗透结晶型外掺剂的技术要求

序号	试验项目	性能指标
1	pH 值	7～9
2	表观相对密度	≥1
3	熔点(℃)	>1 000
4	氯化物含量(%)	15～30
5	氧化物含量(%)	5～20
6	硫酸盐含量(%)	5～15
7	硅酸盐含量(%)	5～15

3.2.5 水泥应符合下列规定：

1 应使用强度等级不小于 42.5 的普通硅酸盐水泥，其质量应符合现行国家标准《通用硅酸盐水泥》GB 175 的规定。

2 所用水泥初凝时间应大于 3 h，终凝时间应大于 6 h 且小于 10 h。

3.2.6 缓凝剂和早强剂应符合下列规定：

1 在固化水泥稳定混合料中掺加缓凝剂时，缓凝剂应符合现行国家标准《混凝土外加剂》GB 8076 的规定。

2 在固化水泥稳定混合料中掺加早强剂时，早强剂应符合现行国家标准《混凝土外加剂》GB 8076 的规定。

3.2.7 水应符合下列规定：

1 饮用水可直接作为基层、底基层或土路基材料拌和与养生用水。

2 使用非饮用水拌和时应进行水质检验，技术要求应符合表 3.2.7 的规定。

表 3.2.7 非饮用水技术要求

项次	项目	技术要求	试验方法
1	pH 值	≥4.5	
2	Cl^- 含量(mg/L)	≤3 500	
3	SO_4^{2-} 含量(mg/L)	≤2 700	
4	碱含量(mg/L)	≤1 500	JGJ 63
5	可溶物含量(mg/L)	≤10 000	
6	不溶物含量(mg/L)	≤5 000	
7	其他杂质	不应有漂浮的油脂和泡沫及明显的颜色和异味	

3 养生用水可不检验不溶物含量,其他指标应符合表 3.2.7 的规定。

3.2.8 用于固化水泥稳定土的路基填料应符合现行行业标准《公路路基施工技术规范》JTG/T 3610 和现行上海市工程建设规范《道路路基设计规范》DG/TJ 08—2237 的规定。

3.3 混合料配合比设计

3.3.1 混合料配合比设计应符合下列规定:

1 固化水泥稳定混合料应采用 3 d 无侧限抗压强度作为施工质量控制的主要指标,7 d 无侧限抗压强度作为验收的主要指标,其强度标准应符合表 3.3.1-1 的规定。

表 3.3.1-1 SCSM 的 3 d 和 7 d 无侧限抗压强度标准(MPa)

公路等级	结构层	龄期	极重、特重交通	重交通	中、轻交通
二级及二级以下公路	基层	3 d	4.0~5.5	3.0~4.5	2.0~3.5
		7 d	4.0~6.0	3.0~5.0	2.0~4.0
	底基层	3 d	2.5~4.0	2.0~3.5	1.0~2.5
		7 d	2.5~4.5	2.0~4.0	1.0~3.0

2 固化水泥稳定混合料的水泥剂量应以水泥质量(不含外掺剂)占全部干燥被稳定材料质量的百分率表示。水泥基渗透结晶型外掺剂的掺量应根据推荐掺量试验后确定。

3 固化水泥稳定混合料配合比试验推荐水泥试验剂量可采用表3.3.1-2中的推荐值。

表3.3.1-2　SCSM配合比试验推荐水泥试验剂量

被稳定材料	条件		推荐试验剂量(%)
有级配的碎石、砾石或RP	基层	3 d无侧限抗压强度≥4.0 MPa	5、6、7、8、9
		3 d无侧限抗压强度<4.0 MPa	3、4、5、6、7
	底基层	—	3、4、5、6、7

4 固化水泥稳定混合料水泥的最小剂量应符合表3.3.1-3的规定。当材料组成设计所得水泥剂量低于表3.3.1-3中的最小剂量时,应按表3.3.1-3采用最小剂量。

表3.3.1-3　水泥的最小剂量(%)

被稳定材料类型	就地再生	厂拌法
中[①]、粗[②]粒材料	4	3
细粒材料[③]	5	4

注:①公称粒径不小于16 mm,且小于26.5 mm的材料。
　　②公称粒径不小于26.5 mm的材料。
　　③公称粒径小于16 mm的材料。

3.3.2 采用厂拌法生产的固化水泥稳定混合料,其混合料配合比设计及级配范围应按照现行行业标准《公路路面基层施工技术细则》JTG/T F20的有关规定执行。

3.3.3 采用就地再生生产的固化水泥稳定混合料,其混合料配合比设计宜按现行行业标准《公路路面基层施工技术细则》JTG/T F20的有关规定执行,其级配范围应按照现行行业标准《公路沥青路面再生技术规范》JTG/T 5521中关于无机结合料冷再生混合料级配范围的规定执行。

3.3.4 固化水泥稳定土应采用 7 d 无侧限抗压强度作为施工质量控制的主要指标。7 d 无侧限抗压强度应不小于 1.5 MPa,其配合比试验推荐水泥试验剂量(不含外掺剂)可采用表 3.3.4 中的推荐值。

表 3.3.4 SCSS 配合比试验推荐水泥试验剂量

被稳定材料	条件		推荐试验剂量(%)
土、砂、石屑等	路床	塑性指数<12	4、5、6、7、8
		塑性指数≥12	6、8、10、12、14

3.3.5 固化水泥稳定土水泥的最小剂量应符合表 3.3.1-3 的规定。当材料组成设计所得水泥剂量低于表 3.3.1-3 中的最小剂量时,应按表 3.3.1-3 采用最小剂量。

4 路面结构设计

4.1 一般规定

4.1.1 固化水泥稳定类材料的结构设计应按照现行行业标准《公路沥青路面设计规范》JTG D50、《公路水泥混凝土路面设计规范》JTG D40、《公路路基设计规范》JTG D30等的相关规定,结合本市气候、交通荷载条件和工程项目实际情况进行设计。

4.1.2 基层和底基层应具有足够的承载能力、抗疲劳开裂性能、耐久性和水稳定性。

4.2 结构组合设计

4.2.1 采用固化水泥稳定混合料基层的沥青路面,应根据公路等级、交通荷载等级、路基状况和既有路面状况等因素,结合路面材料特性和结构特性,选择路面结构类型,按现行行业标准《公路沥青路面设计规范》JTG D50的相关规定进行路面结构组合设计。

4.2.2 采用固化水泥稳定混合料基层的二级及二级以下公路的沥青路面,可采用水平二或水平三确定路面结构层材料的设计参数。采用水平三设计时,固化水泥稳定混合料的弯拉强度和弹性模量的取值范围见表4.2.2。结构验算时,固化水泥稳定混合料弹性模量应乘以结构层模量调整系数0.5。

表 4.2.2 SCSM 的弯拉强度和弹性模量取值范围(MPa)

材料	弯拉强度	弹性模量
SCSM	1.5～2.0	18 000～28 000

4.2.3 采用固化水泥稳定混合料基层的水泥混凝土路面，应根据公路等级、交通荷载等级、路基状况、既有路面状况等因素，选择及组合与之相适应的路面结构，按现行行业标准《公路水泥混凝土路面设计规范》JTG D40 的相关规定进行路面结构组合设计。固化水泥稳定混合料的材料设计参数经验参考值应按照现行行业标准《公路水泥混凝土路面设计规范》JTG D40 的相关规定选取。

4.2.4 固化水泥稳定混合料的结构厚度应根据现行行业标准《公路沥青路面设计规范》JTG D50 或《公路水泥混凝土路面设计规范》JTG D40 的相关规定计算确定。

4.3 路 基

4.3.1 固化水泥稳定土适用于一级及一级以下公路的路床处理，处理后的路基顶面回弹模量应满足现行行业标准《公路沥青路面设计规范》JTG D50、《公路水泥混凝土路面设计规范》JTG D40 的相关要求。

4.3.2 地基表层处理应符合现行行业标准《公路路基设计规范》JTG D30 的相关规定。达到不同路基顶面回弹模量要求时所需固化水泥稳定土的厚度见表 4.3.2。

表 4.3.2 不同路基顶面回弹模量所需 SCSS 的厚度

路基顶面回弹模量(MPa)	固化水泥稳定土厚度(cm)
≥80	≥40
≥60，<80	≥32，<40
<60	32

5 施 工

5.1 一般规定

5.1.1 根据公路等级的不同,宜按表5.1.1选择固化水泥稳定类材料(SCM)用于路基、基层、底基层的施工工艺措施。

表5.1.1 施工工艺选择

材料类型	公路等级	结构层次	拌和工艺		摊铺工艺	
			推荐	可选择	推荐	可选择
SCSS	一级及一级以下公路	路基	就地再生	—	推土机摊铺,平地机整平	—
SCSM	二级及二级以下公路	基层和底基层	厂拌	就地再生	摊铺机摊铺	推土机摊铺,平地机整平

5.1.2 固化水泥稳定类材料宜在2 h之内完成碾压成型,应取混合料的初凝时间与容许延迟时间较短的时间作为控制时间。

5.1.3 固化水泥稳定类材料摊铺应保证足够的厚度,碾压成型后每层的压实厚度宜不小于160 mm,最大压实厚度不宜大于200 mm。

5.1.4 固化水泥稳定类材料的施工应选择适宜的气候环境,施工期的日最低气温应在5℃以上,不得在雨天施工。

5.1.5 固化水泥稳定类材料应将室内重型击实试验法确定的干密度作为压实度评价的标准密度。

5.1.6 固化水泥稳定类材料结构层的压实标准应符合表5.1.6-1和表5.1.6-2的规定。

表 5.1.6-1　SCSM 压实标准(%)

道路等级		结构层次	基层	底基层	路基（路床）
二级及二级以下公路	固化水泥稳定混合料	稳定中粗粒材料	≥97	≥95	—
		稳定细粒材料	≥95	≥93	—

表 5.1.6-2　SCSS 压实标准(%)

路基部位		路面底面以下深度（m）	路床压实度		
			一级公路	二级公路	三、四级公路
上路床		0~0.3	≥96	≥95	≥94
下路床	轻、中等及重交通	0.3~0.8	≥96	≥95	≥94
	特重、极重交通	0.3~1.2	≥96	≥95	—

5.2　施工准备

5.2.1　固化水泥稳定类材料层施工前，应检查下承层的质量；下承层不符合要求的，不得铺筑固化水泥稳定类材料层。

5.2.2　施工前应对不符合要求的下承层进行处理，以满足相关规定要求。

5.2.3　在施工前至少提前 1 d，将水泥基渗透结晶型外掺剂与水泥按照规定的比例进行拌和，拌和时间为 2 min~3 min，确保形成混合均匀的水泥和水泥基渗透结晶型外掺剂。混合均匀的水泥和水泥基渗透结晶型外掺剂的存放要求与水泥存放要求相同，一般情况下存放不得超过 3 个月。

5.2.4　固化水泥稳定类材料结构层正式施工前，应铺筑试验段。试验段应设置在生产路段上，长度宜为 200 m~300 m。通过试验段，应确定下列主要项目：

1 施工机械和运输车辆的生产效率、数量。
2 水泥和水泥基渗透结晶型外掺剂的掺量、含水率。
3 固化水泥稳定类材料的松铺系数。
4 压实机械的选择和组合,压实的顺序、速度和遍数。

5.3 固化水泥稳定土施工

5.3.1 固化水泥稳定土宜采用就地再生,具体施工工艺流程可按照图5.3.1执行。

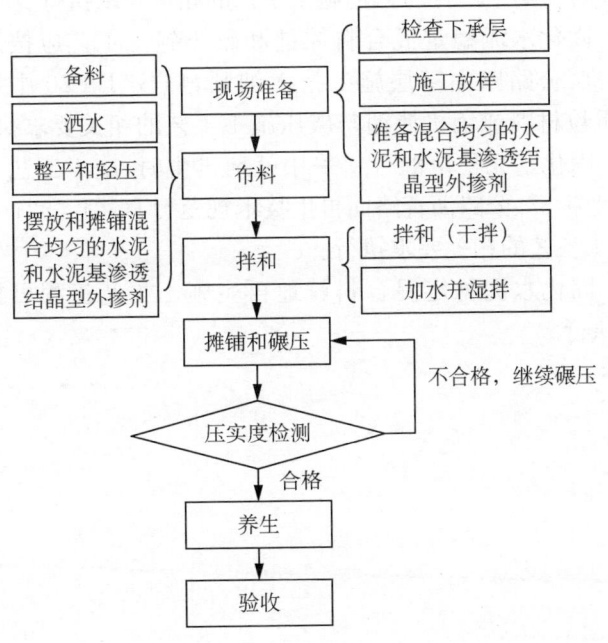

图 5.3.1 SCSS就地再生施工工艺流程

5.3.2 固化水泥稳定土的拌和工艺应按照现行行业标准《公路路面基层施工技术细则》JTG/T F20中水泥稳定细粒土人工拌和

法施工工艺的相关要求执行。

5.3.3 固化水泥稳定土的摊铺和碾压工艺应按照现行行业标准《公路路面基层施工技术细则》JTG/T F20 中水泥稳定细粒土人工摊铺和碾压施工工艺的相关要求执行。

5.4 固化水泥稳定混合料施工

5.4.1 固化水泥稳定混合料厂拌法拌和与运输工艺宜按照现行行业标准《公路路面基层施工技术细则》JTG/T F20 中水泥稳定中、粗粒材料集中厂拌与运输施工工艺的相关要求执行。

5.4.2 固化水泥稳定混合料摊铺和碾压施工工艺应按照现行行业标准《公路路面基层施工技术细则》JTG/T F20 中水泥稳定中、粗粒材料摊铺机摊铺与碾压施工工艺的相关要求执行。

5.4.3 固化水泥稳定混合料采用就地再生时,施工工艺宜按照现行行业标准《公路沥青路面再生技术规范》JTG/T 5521 中就地再生施工工艺的相关要求执行。

5.4.4 固化水泥稳定混合料就地再生施工工艺流程可按照图5.4.4执行。

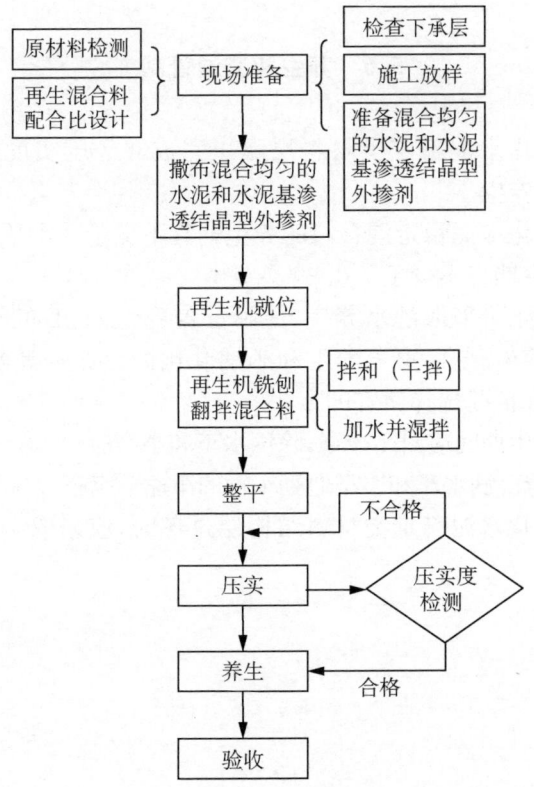

图 5.4.4 SCSM 就地再生施工工艺流程

5.5 接缝处理

5.5.1 固化水泥稳定类材料层的施工应避免纵向接缝。

5.5.2 固化水泥稳定类材料层分两幅施工时,纵向接缝处应加强碾压,纵缝应垂直相接,严禁斜接。固化水泥稳定类材料的接缝处理应按照现行行业标准《公路路面基层施工技术细则》JTG/T F20 中水泥稳定类材料接缝的相关要求执行。

5.6 养生和交通管制

5.6.1 固化水泥稳定类材料层碾压完成并经压实度检查合格后,应及时养生。

5.6.2 固化水泥稳定混合料的养生期宜不少于 3 d,固化水泥稳定土的养生期宜不少于 7 d。

5.6.3 养生可采取洒水养生、薄膜覆盖养生、土工布覆盖养生、铺设湿砂养生、草帘覆盖养生和洒铺乳化沥青养生等方式,宜结合工程实际情况选择适宜的方式。

5.6.4 养生期间应封闭交通,除洒水车和小型通勤车辆外,严禁其他车辆通行。洒水车和小型通勤车辆的车速不应超过 30 km/h。

5.6.5 固化水泥稳定类材料结构层过冬时,应采取必要的保护措施。

6 质量控制与验收

6.1 一般规定

6.1.1 基层、底基层、路基施工全过程质量控制检验包括材料检验(包括原材料检验、混合料检验)、施工过程检验和质量检查验收三个方面。

6.1.2 施工过程质量控制应符合现行行业标准《公路路基路面基层施工技术细则》JTG/T F20 的相关规定。

6.1.3 质量检验评定应符合现行行业标准《公路工程质量检验评定标准》JTG F80/1 和现行上海市工程建设规范《公路工程施工质量验收标准》DG/TJ 08—119 的相关规定。

6.2 材料检验

6.2.1 在施工前以及施工过程中,原材料或混合料发生变化时,应对所采用的原材料进行检验。固化水泥稳定类材料的原材料主要包括粗集料、细集料、水泥基渗透结晶型外掺剂、水泥、土等,原材料的试验项目和要求应符合表 6.2.1 的相关规定。

表 6.2.1　SCM 用原材料试验项目和要求

材料种类	试验项目	目的	频率	试验方法
土	天然含水率	确定原始含水率	每天使用前测 2 个样品	T 0103/T 0104
	液限、塑限	塑性指数,审定是否符合规定	每种土使用前测 2 个样品,使用过程中每 2 000 m³ 测 2 个样品	T 0118/T 0119
	颗粒分析	确定级配是否符合要求,确定材料配合比		T 0115

续表6.2.1

材料种类	试验项目	目的	频率	试验方法
土	有机质和硫酸含量	确定土是否适宜于水泥稳定	对土有怀疑时做此试验	T 0151/T 0153
细集料	含水率	确定原始含水率	每天使用前测2个样品	T 0332/T 0343
细集料	级配	确定级配是否符合要求,确定材料配合比	每档材料使用前测2个样品,使用过程中每2 000 m³测2个样品	T 0327
细集料	毛体积相对密度、吸水率	评定粒料质量、计算固体体积率	使用前测2个样品,使用过程中每2 000 m³测2个样品	T 0328/T 0330
细集料	有机质和硫酸盐含量	确定是否适宜于水泥稳定	有怀疑时做此试验	T 0336/T 0341
粗集料	含水率	确定原始含水率	每天使用前测2个样品	T 0305/T 0806
粗集料	级配	确定级配是否符合要求,确定材料配合比	每档碎石使用前测2个样品,使用过程中每2 000 m³测2个样品	T 0303
粗集料	毛体积相对密度、吸水率	评定粒料质量、计算固体体积率	使用前测2个样品,砾石使用过程中每2 000 m³测2个样品,碎石种类变化时重做2个样品	T 0304/T 0308
粗集料	压碎值	评定石料的抗压碎能力是否符合要求		T 0316
粗集料	粉尘含量	评定石料质量		T 0310
粗集料	针片状颗粒含量	评定石料质量		T 0312
粗集料	软石含量	评定石料质量		T 0320
RP	含水率	确定原始含水率	每天使用前测2个样品	T 0801/T 0803
RP	级配	确定级配是否符合要求,确定材料配合比	每档RP使用前测2个样品,使用过程中每2 000 m³测2个样品	T 0303

续表6.2.1

材料种类	试验项目	目的	频率	试验方法
RP	表观密度、吸水率	评定粒料质量、计算固体体积率	使用前测2个样品,使用过程中每2 000 m³测2个样品,材料种类变化时重做	T 0304/T 0308
	压碎值	评定石料的抗压碎能力是否符合要求		T 0316
	针片状颗粒含量	评定RP质量		T 0312
	微粉含量、泥块含量			T 0310
	硫化物及硫酸盐含量、氯化物含量			GB/T 14685
	杂物含量			T 0313
水泥	水泥强度等级和初、终凝时间	确定水泥的质量是否适宜应用	做材料组成设计时测1个样品,料源或强度等级变化时重测	T 0505/T 0506
水泥基渗透结晶型外掺剂	pH值	评定材料质量	做材料组成设计时测1个样品,料源变化时重测	JGJ 63
	表观相对密度			T 0328
	熔点			GB/T 16582
	氯化物、氧化物、硫酸盐、硅酸盐含量			GB/T 176
水	pH值	评定水的质量	非饮用水应进行水质检验,对水质有怀疑时也应做此试验	JGJ 63
	氯化物含量、硫化物含量、碱含量			
	可溶物含量、不溶物含量、其他杂质			

6.2.2 固化水泥稳定混合料应按表 6.2.2 所列试验项目与要求检测评定。

表 6.2.2 基层和底基层混合料试验项目与要求

项次	试验项目	目的	频率	试验方法
1	重型击实试验	最佳含水量和最大干密度	材料发生变化时	T 0804
2	抗压强度	整体性材料配合比试验及施工期间质量评定	每次配合比试验	T 0805
3	延迟时间	确定延迟时间对混合料密度和抗压强度的影响,确定施工允许的延迟时间	水泥品种变化时	T 0805

6.3 施工过程检测

6.3.1 施工过程中的质量控制应包括外观尺寸检验及内在质量检验。施工过程中内在质量控制应分为原材料质量控制、拌和质量控制、摊铺及碾压质量控制四部分。对集中厂拌、摊铺机摊铺的施工工艺,应按前场与后场来控制。

6.3.2 外观尺寸检查项目、频率和质量标准应符合表 6.3.2 的规定。

表 6.3.2 外观尺寸检查项目、频率及质量标准

工程类别	项目		频率	质量标准
基层	纵断高程		每 20 m 检查 1 点	+5,-15
	厚度(mm)	均值	每 1 500 m² ~ 2 000 m² 检查 6 点	≥-10
	厚度(mm)	单个值	每 1 500 m² ~ 2 000 m² 检查 6 点	≥-20
	宽度(mm)		每 40 m 检查 1 处	>0
	横坡度(%)		每 100 m 检查 3 处	±0.5
	平整度(mm)		每 200 m² 检查 1 处,每处连续 10 尺(3 m 直尺)	≤12

续表6.3.2

工程类别	项目		频率	质量标准
底基层	纵断高程		每20 m检查1点	+5，-20
	厚度(mm)	均值	每1 500 m²～2 000 m² 检查6点	≥-12
		单个值		≥-30
	宽度(mm)		每40 m检查1处	>0
	横坡度(%)		每100 m检查3处	±0.5
	平整度(mm)		每200 m检查2处，每处连续10尺(3 m直尺)	≤15

6.3.3 施工过程中后场质量控制检验是指对拌和站的原材料及混合料的抽检，内容与频率应符合表6.3.3的规定，实际检测频率应不低于表中的要求，检测结果应满足现行行业标准《公路路面基层施工技术细则》JTG/T F20或设计要求。

表6.3.3 施工过程中后场质量控制的关键内容

项次	项目	内容	频率
1	原材料抽检	结合料质量	每批次
		粗集料、细集料、土、RP品质	异常时，随时试验
		级配、规格	异常时，随时试验
2	混合料抽检	混合料级配	每2 000 m²检查1次
		结合料剂量	每2 000 m²检查1次
		混合料最大干密度	每个工日
		含水率	每2 000 m²检查1次

6.3.4 施工过程中前场质量控制检验是指对施工现场摊铺与碾压质量的检验，具体内容应符合表6.3.4的规定，实际检测频率应不低于表中的要求。

表 6.3.4 施工过程中前场质量控制的内容

项次	项目	内容	频率
1	摊铺目测	是否离析	随时
		粗估含水率状态	随时
2	碾压项目	压实机械是否满足要求	随时
		碾压组合、次数是否合理	随时
3	压实度检测	含水率	每一作业段检查 6 次以上
		压实度	每一作业段检查 6 次以上
4	强度钻芯检测	在前场取样成型试件	每一作业段检查 9 次以上
5	弯沉检测	—	每一评定段(不超过 1 km)每车道 40 个~50 个测点
6	承载比	—	每 2 000 m^2 检查 1 次;异常时,随时增加试验

6.3.5 固化水泥稳定类材料的压实度检测应采用灌砂试验方法,灌砂深度应与现场摊铺厚度一致。应在现场碾压结束后立即进行压实度检测,测定的含水率与规定含水率的绝对误差应不大于 2%;不满足要求时,应分析原因并采取必要的措施。压实度检测应以每天现场取样的击实结果确定的最大干密度为标准。每天取样的击实试验应符合下列规定:

1 击实试验应不少于 3 次平行试验,且相互之间的最大干密度差值应不大于 0.02 g/cm^3;否则,应重新进行试验。应取平均值作为当天压实度的检测标准。

2 试验数值与设计阶段确定的最大干密度差值大于 0.02 g/cm^3 时,应分析原因,并及时处理。

6.3.6 固化水泥稳定混合料应在 3 d 龄期内通过钻芯取样检验其整体性,并应符合下列规定:

1 固化水泥稳定混合料的芯样直径应为 150 mm。

2 采用随机取样方式,不得在现场人为挑选位置;否则,评价结果无效。

3 芯样顶面、四周应均匀、致密。
4 芯样的高度应不小于实际摊铺厚度的90%。
5 取不出完整芯样时，应找出实际路段相应的范围，返工处理。

6.3.7 施工过程的混合料质量检测，应在施工现场的摊铺机位置取样，且应分别来自不同的料车。

6.4 质量检查与验收

6.4.1 公路验收包括基本要求、实测项目、外观质量和质量保证资料四个方面，外观检查的要求应符合表6.3.2的规定。

6.4.2 固化水泥稳定土和固化水泥稳定混合料的质量检查、评定与验收，宜按照现行行业标准《公路工程质量检验评定标准》JTG F80/1 和现行上海市工程建设规范《公路工程施工质量验收标准》DG/TJ 08—119 的相关规定执行。

本标准用词说明

1 为了便于在执行本标准条文时区别对待,对要求严格程度不同的用词说明如下:
1) 表示很严格,非这样做不可的用词:
正面词采用"必须";
反面词采用"严禁"。
2) 表示严格,在正常情况下均应这样做的用词:
正面词采用"应";
反面词采用"不应"或"不得"。
3) 表示允许稍有选择,在条件许可时首先应这样做的用词:
正面词采用"宜";
反面词采用"不宜"。
4) 表示有选择,在一定条件下可以这样做的用词,采用"可"。

2 条文中指明应按其他有关标准执行时的写法为"应符合……的规定"或"应按……执行"。

引用标准名录

1 《通用硅酸盐水泥》GB 175
2 《混凝土外加剂》GB 8076
3 《公路路基设计规范》JTG D30
4 《公路水泥混凝土路面设计规范》JTG D40
5 《公路沥青路面设计规范》JTG D50
6 《公路工程集料试验规程》JTG E42
7 《公路工程无机结合料稳定材料试验规程》JTG E51
8 《公路土工试验规程》JTG 3430
9 《公路路面基层施工技术细则》JTG/T F20
10 《公路路基施工技术规范》JTG/T 3610
11 《公路沥青路面再生技术规范》JTG/T 5521
12 《公路工程质量检验评定标准》JTG F80/1
13 《公路工程施工质量验收标准》DG/TJ 08—119
14 《道路路基设计规范》DG/TJ 08—2237

上海市工程建设规范

固化水泥稳定类材料道路应用技术标准

DG/TJ 08—2395—2022
J 16644—2022

条 文 说 明

2023　上海

目 次

- 1 总 则 …………………………………………… 31
- 2 术 语 …………………………………………… 32
- 3 混合料组成设计 ………………………………… 33
  - 3.1 一般规定 …………………………………… 33
  - 3.3 混合料配合比设计 ………………………… 33
- 4 路面结构设计 …………………………………… 34
  - 4.2 结构组合设计 ……………………………… 34
- 5 施 工 …………………………………………… 35
  - 5.1 一般规定 …………………………………… 35
  - 5.6 养生和交通管制 …………………………… 35

Contents

1 General provisions ·· 31
2 Terms ·· 32
3 Mixture composition design ···································· 33
　3.1　General requirements ·· 33
　3.3　Mix proportion design ······································· 33
4 Pavement structure design ······································· 34
　4.2　Structure composition design ····························· 34
5 Construction ··· 35
　5.1　General requirements ·· 35
　5.6　Curing and traffic control ·································· 35

1 总　则

1.0.2 "城市道路在技术条件相同的情况下可参照执行"是指城市道路采用固化水泥稳定类材料时,城市快速路按本标准对一级公路的相关规定执行;城市主干路按本标准对二级公路的相关规定执行;城市次干路按本标准对三级公路的相关规定执行;城市支路按本标准对四级公路的相关规定执行。

2 术 语

2.0.7 3 d无侧限抗压强度的试件按照现行行业标准《公路工程无机结合料稳定材料试验规程》JTG E51的规定进行取样、成型和养生。养生龄期为3 d,最后一天浸水。

3 混合料组成设计

3.1 一般规定

3.1.1 厂拌法用于全部采用新集料拌制固化水泥稳定混合料以及采用部分路面旧料和部分新集料拌制再生固化水泥稳定混合料;就地再生用于采用路面旧料现场拌制再生固化水泥稳定混合料。当就地再生的固化水泥稳定混合料无法满足本标准关于级配范围和强度的要求时,可在路面旧料中添加部分新集料,以满足要求。旧沥青混合料在被稳定材料中的占比宜小于40%。

3.3 混合料配合比设计

3.3.1 根据强度增长特性,无机结合料稳定材料一般采用7 d龄期无侧限抗压强度作为施工质量控制的主要指标。固化水泥稳定混合料具有早强、裂缝少的特点,可在3 d后就铺筑其上的结构层。为充分利用固化水泥稳定混合料的材料特性,尽量缩短工期,本标准采用3 d无侧限抗压强度作为固化水泥稳定混合料的施工质量控制的主要指标。

4 路面结构设计

4.2 结构组合设计

4.2.2 根据现行行业标准《公路沥青路面设计规范》JTG D50 的规定,路面结构层材料设计参数的确定可分为三个水平:水平一通过室内试验实测确定,水平二利用已有经验关系式确定,水平三参照典型数值确定。

交通部西部交通建设科技项目"基于多指标的沥青路面结构设计方法研究"课题对比了无机结合料稳定类材料室内测试的弹性模量和采用落锤式弯沉仪 FWD 弯沉盆反算的结构层模量,前者约为后者的 2 倍,故引入模量调整系数,将室内弹性模量调整为路面结构层模量。

5 施 工

5.1 一般规定

5.1.3 压实厚度的增加需要配备相应的大功率摊铺设备和碾压设备,如能证明具有足够的摊铺能力和压实功率,可适当增加压实厚度。具体的压实厚度应根据试验段施工进行验证,同时需要通过灌砂、钻芯等手段加强质量检测,确保混合料的压实度、均匀性符合要求。

5.1.6 固化水泥稳定类材料结构层的检查方法和频率参照现行行业标准《公路工程质量检验评定标准》JTG F80/1 的相关规定。固化水泥稳定土路基(路床)压实度标准参照现行行业标准《公路工程质量检验评定标准》JTG F80/1 中稳定土底基层的相关要求。

5.6 养生和交通管制

5.6.2 固化水泥稳定混合料的 3 d 无侧限抗压强度即可达到设计要求,因此,本标准规定固化水泥稳定混合料的最少养生期为 3 d。养生期也可延续至上一层结构材料铺设前。